Heinz Adolf Schröck

Der Tauftag

Kiefel Verlag
Wuppertal-Barmen

Der Tauftag

Personen, die den Tauftag zusammen feiern

Ulrike	der Täufling hat noch keine Meinung
Ilona	die Mutter läßt ihr Kind nicht aus Gewohnheit taufen
Heinz	der Vater stellt Erziehungsmethoden in Frage
Udo	der dreijährige Bruder erlebt, daß sein Schwesterchen am Tauftag im Mittelpunkt steht und streikt
Großvater	hat seinen Standpunkt und denkt an früher
Großmutter	handelt nach den „drei S": Sehen – Schenken – Schweigen
Der Pate	gibt ein Geschenk ab, ob er mehr als ein Geschenkonkel wird?

Vom Sakrament der Taufe

Der Taufgottesdienst
Das Glaubensbekenntnis
Die Tauffragen
Ein Taufgebet

Lieber Leser,

Heinz und Ilona haben in den Wochen vor der Taufe ihrer Ulrike manche Ratschläge bekommen: von den Großeltern, vom Pfarrer, von Freundinnen und Kollegen. Alle meinten es gut, alle waren aber auch nicht einer Meinung. So mußten Ilona und Heinz schließlich selbst entscheiden, wie sie den Tauftag gestalten wollten.
Wie verlief nun der Tauftag? Hören wir ihnen zu und begleiten wir sie in Gedanken während des Gottesdienstes und zu Hause beim Mittagessen, im Kinderzimmer und in der Küche.
Sicher wird bei Ihnen, lieber Leser, die Situation anders sein. Aber lassen Sie sich anregen, und fragen Sie sich nach ihrer eigenen Meinung und Ihren Wünschen und Zielen, die Sie für den Tauftag Ihres Kindes haben.

Gute Gespräche wünscht Ihnen dabei
Ihr Heinz Adolf Schröck

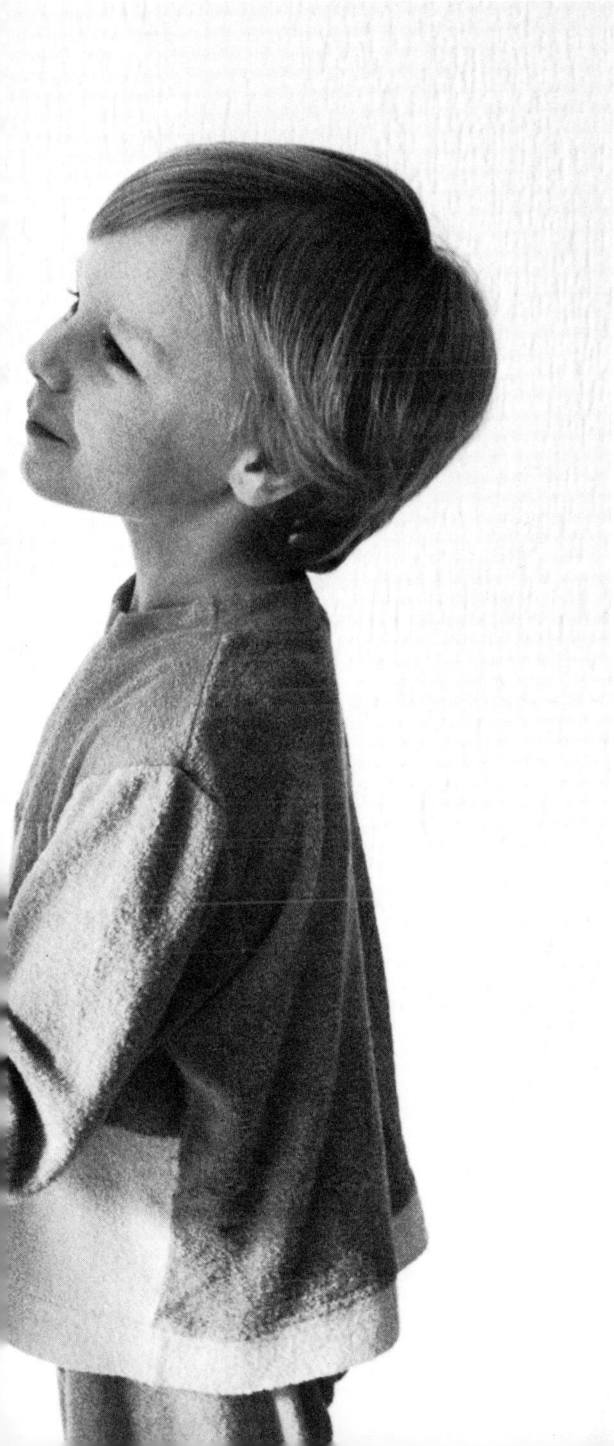

Gott hat Ja gesagt

Was erwarten wir vom Tauftag?

Wenig haben Heinz und ich bisher über die Taufe unserer Ulrike und den Taufsonntag gesprochen. Wir überlegten den Termin und sprachen über die einzuladenden Gäste. Und die Taufe selbst? Darüber machten wir uns keine Gedanken. Das Kind wird eben getauft, das ist es, was soll noch darüber geredet werden? Doch seltsam, je näher der Tauftag kommt, um so weniger ist mir alles selbstverständlich.
Ich frage mich: was erwarte ich vom Tauftag? Einen schönen Tag, auch Freude: das fällt mir zuerst ein. Ein Tag mit der Familie. Früher war ich kritisch, wenn von der Familie die Rede war. Nun sind wir eine Familie: Heinz, Udo, Ulrike und ich. Und die Großeltern? Die Eltern von Heinz sind schon gestorben. Wir haben nur noch meine Eltern. Um so mehr bedeuten sie uns. Daher freue ich mich um so bewußter auf einen Familientag.
Und die Arbeit? Zuviel Aufwand soll es nicht geben. Alle sollen sich wohl fühlen. Ich werde es schon schaffen. Heinz hilft mir. Etwas skeptisch bin ich bei meinen Eltern. Sie kommen so gern – sie kommen aber auch aus der guten alten Zeit und wissen so vieles besser.
In diesen Wochen frage ich mich, was mir meine eigene Taufe bedeutet. Wie lange habe ich nicht daran gedacht! Wann wurde ich eigentlich getauft? Ich muß doch einmal nachsehen. Was habe ich von meiner Taufe gehabt? Ist sie für mich nur ein Datum oder mehr?
So kommen mir manche Fragen. Ich lasse sie kommen, denn wie kann ich unser Kind taufen lassen, wenn ich selbst im Hinblick auf Taufe reichlich ahnungslos bin.
Das Wasser spielt bei der Taufe eine Rolle. Wasser brauchen meine Blumen, die Pflanzen und wir Menschen. Wasser bewirkt Leben! Aber bringt Wasser nicht auch manche Gefahren? Damals, die Überschwemmung! Unvergeßlich bleiben für mich die schrecklichen Erlebnisse. Der Sturm, das Hochwasser, Menschen in Not.
Das Wasser kann Leben und Tod bewirken. Haben diese Erfahrungen etwas mit der Taufe zu tun?

Mit der Taufe beginnt ein neues Leben, das Leben eines Christen. Redet die Kirche nicht vom Sterben des alten Menschen und der Geburt eines neuen Menschen? Einmal hörte ich: die Taufe ist ein Geschenk. Ein Geschenk kann ich ablehnen oder gern annehmen. Anläßlich der Taufe unseres Kindes überlege ich: was habe ich bisher aus dem Geschenk meiner Taufe gemacht? Was will ich nun daraus machen?
Die Eheringe, die Heinz und ich tragen, sind für uns Zeichen gegenseitiger Liebe, Treue und Hilfe. Wie der Ehering, so ist auch die Taufe mit Wasser für mich ein Zeichen. Wofür?
Mein Konfirmationsspruch kann mir einiges dazu sagen: „Fürchte dich nicht, denn ich habe dich erlöst, ich habe dich bei deinem Namen gerufen; du bist mein!" Jesaja 43,1.
Damals bei unserer Vorstellung mußte jeder Konfirmand mit eigenen Worten seinen Spruch erklären können. „Ich habe dich erlöst . . ." Das Sterben Jesu, seine Erlösung, hat auch etwas mit meinem Leben zu tun, so sagte ich damals — und heute?
„Ich habe dich bei deinem Namen gerufen." Mir ist es peinlich, wenn ich den Namen eines Menschen vergessen habe. Der Name schafft eine Beziehung, die persönliche Anrede verbindet. Ich überlege: auch bei der Taufe wird der Name des Kindes genannt. Unsere Ulrike ist für Gott keine Nummer, kein unbekanntes Glied einer namenlosen Masse.
„Du bist mein". Gott hat also Ja zu mir gesagt. Zu ihm gehöre ich. Sein bin ich. Er will mit mir gehen. Das gilt für heute und für jeden neuen Tag und auch für die Tage, an denen ich mutlos werde.
„Fürchte dich nicht . . ." Als Kind hatte ich oft Angst. Und jetzt? Als Erwachsener kenne ich andere Gefahren und andere Ängste.
Heute bedeutet mir mein Konfirmationsspruch mehr als damals:

Fürchte dich nicht,
ich habe dich erlöst,
ich habe dich bei deinem Namen gerufen;
du bist mein!

Was geschieht im Taufgespräch?

Der Pfarrer und wir wollen uns im Gottesdienst nicht als Fremde begegnen. Im Gespräch lernen wir uns ein wenig kennen. Der Pfarrer wird uns, so hoffe ich, in der Kirche persönlich ansprechen. Er kann sich aber besser in unsere Lage hineinversetzen, wenn er z. B. weiß, ob es bei uns das erste oder dritte Kind ist, oder ob nach zwei Jungen nun das erste Mädchen geboren wurde. Wie verschieden ist doch auch das Erleben der Mutter während der Schwangerschaft. Der Pfarrer ist nicht neugierig, aber alle kleinen Hinweise auf überstandene Sorgen und Krankheiten lassen ihn viel konkreter an uns denken.
Aber auch wir möchten manches wissen. Wie geschieht die Taufe? Was müssen wir tun? Gut, daß wir eine Stunde Zeit haben und über Taufe und Gottesdienst sprechen können.
Soll der Vater dieses Gespräch seiner Frau überlassen? Schade wäre es. Er würde sich selbst etwas Wichtiges vorenthalten. Soll die religiöse Erziehung später auch nur Sache der Mutter sein? Wir werden beide mit dem Pfarrer sprechen.
Vielleicht treffen wir im Taufgespräch noch andere Elternpaare, die auch ein Kind taufen lassen wollen.
Da gibt es bald gute und interessante Gespräche.

Kindertaufe oder Erwachsenentaufe?

Ich wurde als Kind getauft. Erst als ich erwachsen war, hörte ich von der Möglichkeit der Erwachsenentaufe. Haben wir uns die Entscheidung zu leicht gemacht?
Ich glaube: Gott will unsere Ulrike mit der Taufe beschenken. Soll ich ihr dieses Geschenk Jahre vorenthalten?
Bei der Besichtigung einer alten Kirche sah ich im Kircheneingang ein Taufbecken. Vom Taufbecken führte der Weg durch das große Kirchenschiff hin zum Altar. Kann ich die Kindertaufe auch so verstehen? Sie ist ein Geschenk Gottes und ein Anfang eines Weges. Diesen Weg müssen wir gemeinsam gehen. Ein Ziel ist dann die Konfirmation mit dem ersten Gang zum Altar, zum Abendmahlstisch.
Für mich ist die Frage „Kindertaufe oder Erwachsenentaufe" entschieden. Offen ist für mich die Frage: was machen Heinz und ich mit dem Geschenk der Kindertaufe?

Diesen Weg können wir gemeinsam gehen . . .

Und wer wie wir in einer Mischehe lebt?

Die Taufe zeigt uns schmerzlich, daß es *eine* Kirche nicht gibt. Wir können es nicht ändern, wohl aber ziehen wir aufgrund dieser Lage unsere Konsequenzen. Wir bejahen unsere Mischehe. Gott kann unsere Wege so geführt haben, daß wir zusammenfanden. Kann eine Mischehe nicht Gottes Willen entsprechen, auch wenn wir zwei Kirchen angehören? Jeder von uns beiden bejaht seine eigene Kirche. Manche Ehepaare sagen, sie hätten noch nie Auseinandersetzungen über Glaubensfragen gehabt. Aber um welchen Preis? Oft um den Preis der kirchlichen Neutralität, d. h. der Lösung von den Kirchen. Nicht Auseinandersetzung, wohl aber Zusammensetzen und über Kirchenfragen sprechen. Wer verbietet es uns, gelegentlich zusammen in die eigene oder in die andere Kirche zu gehen?
Wir wollen unser Kind religiös und nicht neutral erziehen. Mit einem sowohl als auch, und erst recht mit einem Nichtsprechen über Glaubensfragen findet unser Kind keine Informationen und erst recht keine kirchliche Heimat. Es braucht aber eine kirchliche Heimat. So mußten wir uns für eine Kirche entscheiden. Die Entscheidung fiel schon mit der evangelischen Trauung.
Die Entscheidung hatten wir uns damals nicht leicht gemacht. Schließlich waren für uns zwei Gründe ausschlaggebend: Heinz hat nur noch wenig Kontakt zu seiner katholischen Gemeinde. Als Mutter kann ich mehr für die religiöse Erziehung der Kinder tun. Mit dieser Entscheidung fühlt sich aber Heinz nicht von der Aufgabe der religiösen Erziehung entbunden. Im Gegenteil, ich hoffe, daß er wieder mehr Kontakt zu seiner Gemeinde bekommt.
Bei der religiösen Erziehung wollen wir ein Doppeltes versuchen: Einmal unserem Kind eine wirkliche Heimat in einer Kirche zu geben. Zum anderen wollen wir mit unserer Mischehe dem Kind echte Toleranz und damit Oekumene im Kleinen vorleben. Ich verstehe Toleranz als den Entschluß, anderen das Anderssein zu gestatten. Das gilt nicht nur für die Mischehe.

Unser Kind braucht
eine kirchliche Heimat

Was kann nicht alles am Tauftag geschehen!

7.00 Uhr: Die Mutter steht unter „Naturschutz"

Belustigt schaute ich den Pfarrer beim Taufgespräch an. Was sagte er zu meinem Mann? „Halten Sie alles von Ihrer Frau ab, daß sich Ihre Frau allein um das Kind kümmern kann." Nun, am Tauftag freue ich mich über die Ruhe. Jetzt habe ich Zeit für dich, für unser Kind. Ich drücke es, halte es im Arm und lächele es an. Groß schauen mich die Augen des Kindes an. Fühlt dieses Kind nicht Vertrauen, Geborgenheit und Schutz! Zwei Menschen sind glücklich: die Mutter mit ihrem Kind.
Meine Gedanken wandern zurück. Damals – das Erschrecken über die Nachricht der Schwangerschaft. Es war doch kein Wunschkind. Damals – wie ein Berg lag alles vor mir: Beruf, Haushalt, Schwangerschaft und Geburt. Und heute? Ich mache mir nichts vor: manches wird schwierig bleiben oder werden. Aber jetzt freue ich mich, und Freude habe ich im Arm: ein gesundes Kind, unsere Ulrike.

8.30 Uhr: Wohin mit dem Marmeladenglas

und den Servietten? Heinz lacht – auch über sich selbst. Sonst läßt er morgens alles stehen. Ein Blick auf die Uhr. Einen Kuß. „Ich muß den Bus noch kriegen!" Und heute? Die Teller sind sicher am verkehrten Platz im Schrank. Im Wohnzimmer muß ich noch Großvaters Zigarren bereitlegen, überlegt er.
Er will seiner Frau helfen, er will aufräumen. Doch es ist für ihn ungewohnte Arbeit. Er denkt an seine Frau: morgens hat sie doch allerhand im Haushalt zu tun. Er denkt an sich und überlegt: wenig Ahnung habe ich doch vom Haushalt! Da klingelt es. Auch das noch. Seine Schwiegereltern! Noch in der Tür ruft der Großvater: „Wo ist sie denn, die Ulrike?"

Freude habe ich im Arm, ein gesundes Kind

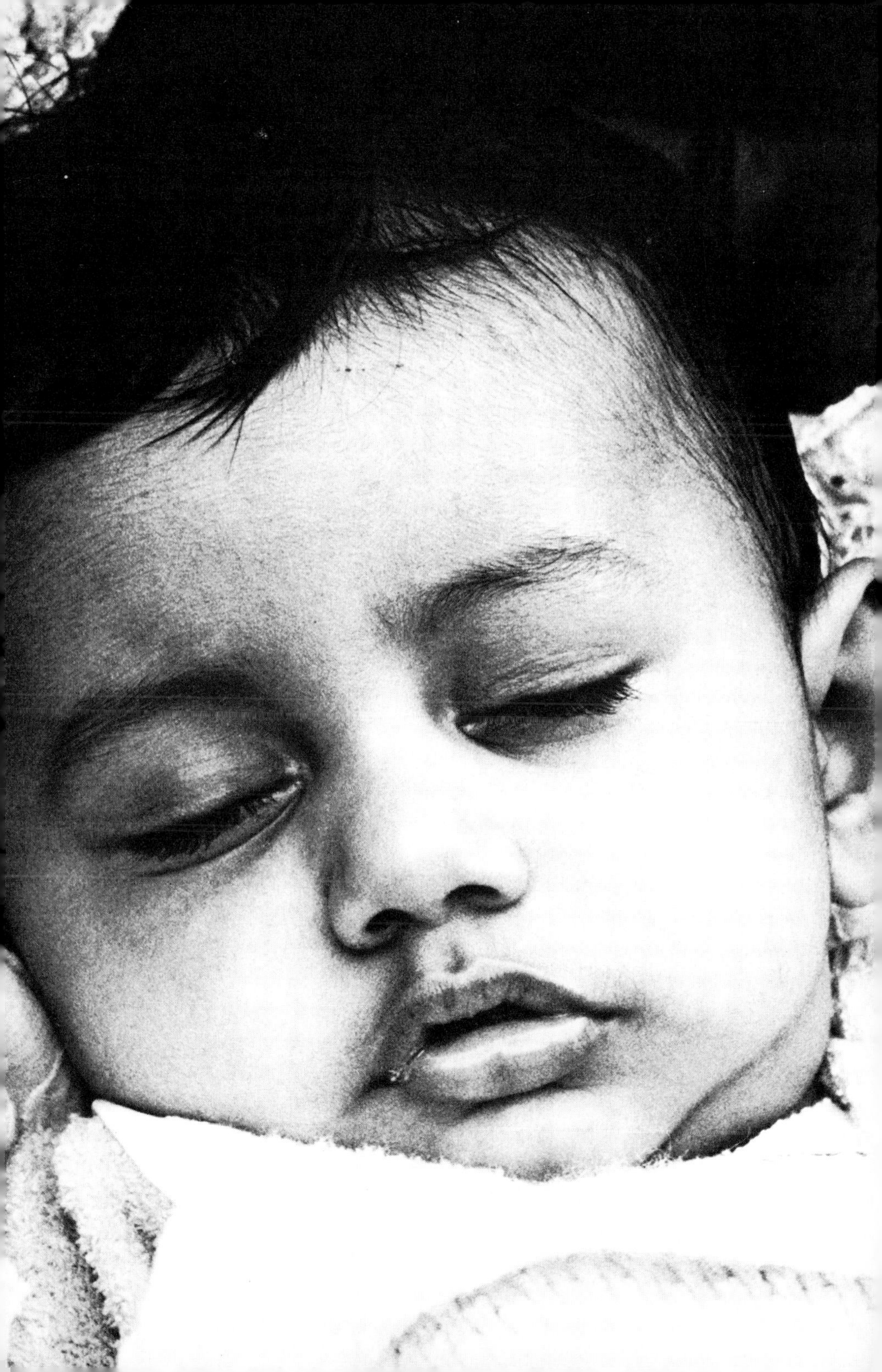

9.00 Uhr: Der Großvater kommt nicht auf seine Kosten.

„Diese neue Erziehung!" Der Großvater schüttelt den Kopf. Gleich mit Hallo, mit Blitzlicht und Fotoapparat wollte er die Ulrike begrüßen. Nun muß er warten, im Wohnzimmer. Die Zigarre ist wenigstens gut. Dabei denkt er an die eigene Taufe. Die ganze Verwandtschaft war da, voll war das Haus. Wiederholt erzählten seine Eltern davon. Doch dann stutzt er: von seiner Taufe in der Kirche haben ihm die Eltern gar nichts erzählt. Merkwürdig – warum eigentlich nicht?
Er weiß es: die jungen Leute sind schon tüchtig. Natürlich seine Tochter, die Ilona, und der Schwiegersohn, der Heinz. Nur diese Erziehung! Unter „Naturschutz" sollen Ilona und Ulrike stehen? Heinz schmunzelt dazu und sagt: „Das haben wir dem Pfarrer zu verdanken!" Das soll nun ein Großvater verstehen!
Gern erzählt er von seiner Taufe, damals in der guten alten Zeit, wie in seiner Familie davon berichtet wurde. „Mein Pate nahm mich auf den Arm, flötete und tanzte mit mir im Zimmer herum."
Großvater sucht Anerkennung, doch Heinz fragt nur: „Wie hast du denn damals reagiert?"
„Ich? Gebrüllt soll ich haben – klang durchs ganze Haus – noch in der Kirche habe ich geschrien." Der Großvater stutzt: darum also der Naturschutz! Also Ruhe für Mutter und Kind! Keine Aufregung vorher. „Was euch alles einfällt!"

10.00 Uhr: Gottesdienst

Im Hausflur sagt der Großvater: „Auch das schaffen wir, wenn erst einmal der Gottesdienst vorbei ist!" Da gebe ich ihm einen kleinen Schubs. „So, Großvater, geh! Wir freuen uns auf den Gottesdienst!" Die Großmutter meint: „Taufe im Hauptgottesdienst? Die vielen Neugierigen!" „Und – ?" frage ich. „Vielleicht möchte manche der Frauen in der Kirche noch einmal so jung sein und ein Kind zur Taufe bringen."
Die Taufeltern begrüßen sich. Bei Meyers ist es das erste Kind, bei Fröhlichs das dritte Kind. Beim Taufgespräch im Pfarrhaus lernten wir uns kennen. Damals war gleich ein Gespräch im

Gange. Doch nun beginnt der Gottesdienst. Erst die Ulrike, dann der Olaf und der Horst. Ladies first.
Nun steht die Familie, Großeltern und Paten vorn im Altarraum im großen, offenen Kreis, der Gemeinde zugewandt. Der Pate bekommt das Taufbecken in die Hände gedrückt. Die Patin hält das Kind. Still liegt es da. Ich bin glücklich und höre vor lauter Freude dem Pfarrer nicht zu.
Heinz hat unseren dreijährigen Udo auf dem Arm. Unruhig ist er, er will mehr sehen, nun greift er nach dem Taufbecken und patscht ins Taufwasser. Der Großmutter bleibt der Atem stocken, doch der Pfarrer schmunzelt. Schmunzeln und Lachen in der Kirche? Warum nicht! Taufe ist doch ein froher Anlaß.
Nach der Taufhandlung zündet der Pfarrer an der großen Kerze die Taufkerze an. Jesus sagte: „Ich bin das Licht." Lichtträger sollen wir sein — sein Licht weitergeben. Gibt es nicht genug Dunkles in der Welt!

12.30 Uhr: Der Großvater vermißt den Kasseler Rollbraten.

Ihn hatte der Großvater erwartet, dazu eine Suppe, natürlich Nachtisch und vielleicht sonst noch eine Überraschung? Verwundert stellt der Großvater fest: nichts Besonderes. Eine schöne Gemüsesuppe, wirklich schmackhaft, dann Eis aus der Schachtel. Nicht zu vergessen: eine gute Flasche Wein.
Der Heinz kann doch Gedanken raten! Er hebt sein Glas. Inzwischen hat man schon auf die Gesundheit des Kindes, der Mutter, der Großeltern und Paten angestoßen. Wer ist jetzt noch dran? Der Großvater! Heinz bittet, nochmals auf das Wohl des Großvaters zu trinken. „Im übrigen", dabei schmunzelt er ihm zu, „der Kasseler Rollbraten wird nachgeliefert, bei eurem nächsten Besuch. Heute soll es die Ilona einfach haben. Großvater, das gehört mit zum Naturschutz!"

14.00 Uhr: „Köpfe" werden ausgeschnitten

„Nun mal raus mit der Sprache — was soll das?" fragt der Pate. „Jeder von uns soll ein Bild von sich mitbringen, vom neuesten Stand."

Der Vater hat die Fotos vor sich liegen. Hose, Anzug, Schlips des Paten fallen der Schere zum Opfer — nur der Kopf bleibt übrig. Den Bildern der übrigen Familienmitglieder geht es nicht besser. Nun nimmt der Vater das Album, schraubt die Klebstofftube auf, und damit kommt des Rätsels Lösung. Bald prangen alle Köpfe auf der Albumseite. Nun gehören noch die Autogramme dazu. ,,Aber warum?'' fragt der Pate. ,,Soll die Ulrike später nicht sehen, wie jung du damals bei der Taufe aussahst?'' fragt der Vater.
Großvater blättert im Album und schüttelt den Kopf. ,,Aber der Wetterbericht, Bundesligaergebnisse, ein Bericht aus Bonn, das heutige Fernsehprogramm — Heinz, das versteh' ich nicht! Und dazu ein Bild von der Kirche.'' ,,Was es soll? Gustav, lieber Pate, erzähl doch mal von deiner Taufe'', schlägt der Vater vor. ,,Wie war damals das Wetter? Was gab es damals Neues?'' ,,Jetzt fällt bei mir der Groschen.'' Großvater nickt. ,,Hat lange gedauert.'' ,,Laß den Groschen nur tief fallen. Mit diesen Bildern wird sich Ulrike später einmal ein Bild von ihrem Tauftag machen können.''
,,Dann muß auch das Menü verewigt werden.'' Großvater schreibt: Schmackhafte Gemüsesuppe — Eis.
Oppenheimer Krötenbrunnen
P.S. Kasseler Rollbraten soll nachgeliefert werden.
Und die Überschrift für das Menü? Großvater überlegt, zwinkert seine Tochter an und schreibt: ,,Das Naturschutz-Menü'' und setzt in Klammern darunter: (man lernt doch nie aus!)

16.00 Uhr: Der Pfarrer kommt nicht.

Großvater bemerkt: ,,Der Pfarrer, der Hirte, gehört doch zu seiner Herde.''
Heinz: ,,Und wer sind die Schafe? Doch versteh': natürlich haben wir ihn eingeladen. Aber wie kann er drei Tauffamilien nacheinander besuchen!''
,,Im übrigen'', fahre ich dazwischen, ,,hat er auch noch eine Familie. Doch wir haben ihn eingeladen — am Donnerstagabend kommt er mit seiner Frau.''

Kaffeetrinken ohne Pfarrer? Wie gut kann man da über den Pfarrer reden. Der Großmutter war der Bart aufgefallen. Dem Großvater fehlte beim Pfarrer die Würde, das ernste Gesicht. Doch dann waren sich alle einig: irgendwie anders war die Taufe gewesen, nicht so steif. Dem Paten war etwas anderes aufgefallen. Nicht die Predigt, nicht die Taufe, aber die Begrüßung. Wie sagte der Pfarrer am Anfang des Gottesdienstes? ,,Wir begrüßen heute im Gottesdienst die Familien Wieland, Fröhlich und Meyer mit ihrer Ulrike, dem Horst und dem Olaf.'' Der Pate meinte: ,,Ist ja eigentlich nichts Besonderes, die Begrüßung. Sonst machen wir es doch auch so. Warum nicht in der Kirche!''

16.30 Uhr: Der unerwartete Besuch.

Es klingelt. Heinz und Ilona sehen sich fragend an. Die Großmutter meint: ,,Da will man mal in der Familie für sich sein . . .'' Inzwischen ist Ilona zur Haustür gegangen. Stimmen klingen vom Flur herein. ,,Das sind unsere netten Nachbarn — Meyers.'' Heinz freut sich, und da kommen sie auch schon herein. Die Mutter bekommt vier Osterblumen. ,,Sie sind aus dem Garten.'' ,,Aber warum vier?'' ,,Nun, wie viele sind sie denn? Vater, Mutter, Udo und Ulrike. Sonst haben wir leider kein passendes Geschenk gefunden, auch nicht in unserem Geschenkfach. Wir wußten doch nichts von der Taufe.'' ,,Nichts Passendes?'' Ilona überlegt und meint, ,,ich weiß etwas Passendes.'' Nun nimmt sie die rote Büchse vom Tisch. ,,Richtig'', sagt die Großmutter, ,,was soll auch die Büchse auf dem Kaffeetisch. Solch eine rote Büchse paßt doch nicht zu eurem Rosenthalporzellan.'' Ilona lacht. ,,Du hast recht, Mutter, zum Porzellan paßt sie nicht, aber zum Tauftag. Dies ist eine Brot für die Welt-Büchse. Was ich damit vorhabe? Immer, wenn ich mich freue, wenn etwas Besonderes geschehen ist, wenn unsere Ulrike gut gedeiht und gesund bleibt, will ich etwas hineinstecken. Es soll unsere Freudenbüchse sein.'' Herr Meyer nickt. ,,Dann mache ich den Anfang.'' ,,Auch ich mache mit'', sagt der Großvater und alle stecken ihr Geldstück hinein. Wie klappert nun die Büchse. Udo will damit spielen, doch

Oma erklärt, „die Büchse bleibt hier auf dem Tisch, sie paßt doch zum Rosenthalporzellan."

17.00 Uhr: Die Geschenke

Da liegen sie. Strampelhosen, eine Klapper, Jäckchen. Die Großmutter nickt: fast alles Praktisches, bis auf den Kerzenhalter. „Wer hat den denn geschenkt?" Heinz: „Der Pate hat ihn geschenkt, ich habe ihn darum gebeten. Eines fehlt allerdings noch: die Gravierung. Ulrike und das Datum."
„Ach so, das Geburtsdatum!"
„Nein, das Taufdatum."
An jedem Geburtstag und Tauftag soll der Leuchter mit der brennenden Kerze auf Ulrikes Tisch stehen. Die Patin: „Dann bekommt die Ulrike mein Geschenk jeweils zum Tauftag."
Der Pate: „Klar, Paten schenken am Tauftag."
Die Mutter: „Damit schenken wir der Ulrike jedes Jahr einen persönlichen zweiten Festtag, neben dem Geburtstag den Tauftag."

17.30 Uhr: Die Panne.

Wir freuen uns an den Geschenken, unser dreijähriger Udo nicht. Sein Schwesterchen bekommt vieles und er nichts. Immer wird die Schwester fotografiert, immer wird nach der Schwester gefragt. Nun streikt er und brüllt.
Doch es wird noch schlimmer. Wir lassen ihn zunächst brüllen. Meine Mutter sieht uns kritisch an, dann platzt der Großvater los: „So geht's bei euren neuen Methoden." Ich nehme dann Udo mit ins Kinderzimmer. Alle anderen bemühen sich, auf ein anderes Thema zu kommen. Es ist schwierig.
Was haben Heinz und ich falsch gemacht? Jetzt kann ich auch nicht in Ruhe überlegen und reden. Heute muß ich das Thema Erziehung vermeiden. Ob ich dazu in der nächsten Woche den Großeltern einen Brief schreibe?

18.00 Uhr: Das Geschenk auf Zeit.

Großmutter und Mutter machen in der Küche Schnittchen zum Abendbrot.
Die Großmutter: ,,Einen Satz aus der Taufansprache habe ich nicht vergessen: Kinder sind ein Geschenk auf Zeit. Wie deutlich erinnere ich mich noch an deinen Tauftag. Nun bist du selbst Mutter. Was geschah nicht alles in diesen Jahren! Soviel Arbeit gab es. Zu wenig Zeit hatten wir für euch Kinder. Damals hätte ich den Satz nicht verstanden. Heute weiß ich es: Kinder sind ein Geschenk auf Zeit. Nun freu' ich mich an euch.

21.30 Uhr: Ein Brief zum Abschied.

Noch einmal stehen wir alle im Kinderzimmer. Ulrike schläft, mit roten Backen.
,,Ganz der Vater'', meint der Großvater.
,,Die Nase, stammt sie nicht von der Großmutter?''
Ich komplimentiere sie alle hinaus. ,,Das Kind ist gesund, das ist die Hauptsache. Wißt ihr, wie dankbar ich bin!''
Aufbruchstimmung nach einem schönen Tag. Großeltern und Paten haben noch eine Stunde nach Hause zu fahren. Da verteilt Heinz beim Herausgehen aus der Wohnung noch Briefe. Der Großvater fragt: ,,Für mich?'' ,,Nicht neugierig sein'', sagt der Vater.
,,Auf Wiedersehen! Gute Reise!''

22.00 Uhr: Unterwegs.

Großvater schweigt. Er denkt an die nächste Stammtischrunde. Er will das Thema ,,Taufe und Erziehung'' einmal anschneiden. Sind die Kollegen nicht etwas rückständig? Er würde denen seine fortschrittliche Erziehungsauffassung einmal darlegen. Hatte er sie nicht immer schon gehabt? Wie vergeßlich sind doch die Menschen!
Doch nun macht ihn der Brief neugierig. ,,Soll ich ihn mal aufmachen?'' fragt er die Großmutter. Auch sie ist neugierig. Er öffnet und staunt: was hat er in Händen? Ein Bild von der Kirche, ein Bild vom Altarraum und einen persönlichen Dank des Schwiegersohnes.
,,Mein Schwiegersohn'', sagt der Großvater.
,,Was heißt deiner?'' anwortet die Großmutter,
,,unser!''

Aufbruchstimmung nach einem schönen Tag

Eine Woche später schreibt Ilona

Liebe Großeltern,
Ob ich diesen Brief schreiben soll und kann, weiß ich nicht. Ob er ankommt, ob er ankommen kann, werde ich an Eurer Reaktion merken.
Wißt Ihr, ich möchte noch einmal an den Tauftag denken. Wohl für uns alle war es ein sehr schöner Tag. Ich war so glücklich und dankbar, als ich unsere Ulrike in die Kirche trug. Aber es gab auch einen Mißklang. Unser Udo ist sonst viel ruhiger, und mit ihm fing ja auch der Ärger an. Mutter, ich sah Deinen kritischen Blick, aber Du schwiegst. Vater, Du saßest mit Deinem Schwiegersohn zusammen. Gerade wolltest Du, so vermute ich, unter Euch Männern Deinen Standpunkt sagen über Erziehung. Ich störte Euch und lud ein zum Kaffee. Vielleicht war diese Störung für uns alle gut. Nun haben wir etwas Abstand. Ich bitte Euch: laßt uns noch darüber nachdenken.
Lieber Vater! Was hättest Du dem Heinz wohl gesagt? Vielleicht ahne ich es. Hättest Du nicht von früher gesprochen und daß früher alles anders und besser gewesen sei. Und nun möchtet Ihr, daß wir die Kinder nach Euren Erfahrungen erziehen. Sicher, Ihr meint es gut. Die Erziehung soll so sein wie früher, dabei hat sich unsere Welt im Kleinen und Großen so verändert. Erziehung soll doch eine Hilfe zum Leben sein – zum Leben in der Gegenwart. Muß da die Erziehung nicht auch der Gegenwart entsprechen?
Liebe Mutter! In der Theorie seid Ihr beide stark, in der Praxis bist, zumindest Du, manchmal etwas schwach. Wie oft verwöhnst Du die Enkelkinder! Liebe Mutter, weißt Du, daß der Udo mir schon mehrfach gesagt hat: bei der Oma durfte ich das aber!?
Ihr habt Eure Erfahrungen und möchtet, daß wir von Euren Erfahrungen lernen, daß wir sie akzeptieren. Aber mit der Übernahme von Erfahrungen ist das so eine Sache. Will nicht jede Generation selbst ihre Erfahrungen machen? Muß sie es nicht auch? Denn wirklich lernen kann ich nur aus eigener

Erfahrung, gerade auch von jenen, die einem weh getan haben.
Wißt Ihr, der Udo war am Tauftag ganz aus dem Häuschen. So viele Leute, so viel Besuch! Und das kleine Schwesterchen kriegte die vielen Geschenke! Das konnte der kleine Kerl gar nicht fassen. Inzwischen ist alles wieder gut! Er bekam am Tage nach dem Tauftag ein schönes Geschenk von seinem Schwesterchen. Nun will er an seinem Geburtstag Ulrike auch etwas schenken, damit sie dann auch etwas zum Freuen hat. So hat er seine Erfahrungen gemacht und wir Eltern mit ihm.
Manches Mal denke ich: wenn ich die Kinder beobachte, wie sie reagieren, warum sie so reagieren, dann kann ich hin und wieder auch etwas von den Kindern lernen.
Heinz und ich geben uns viel Mühe. Gerade lesen wir, jeder für sich, ein Erziehungsbuch und reden dann gemeinsam darüber. Wenn wir es durch haben, schicke ich es Euch, dann haben wir noch mehr Gesprächsstoff.
Nun seid ganz lieb gegrüßt
von Eurer Ilona

P.S. Manche Großeltern meinen: Sehen, Schenken und Schweigen sei gegenüber den Kindern und Enkelkindern das Beste. So meine ich es nicht!

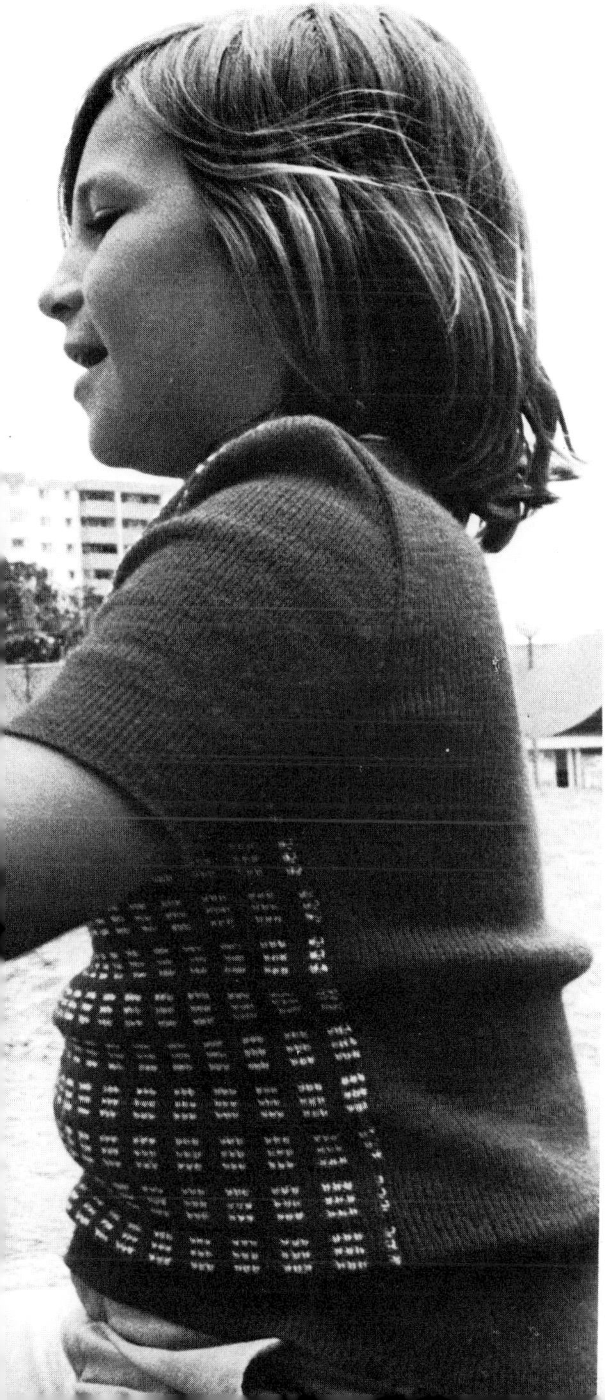

*Erziehung soll Hilfe
zum Leben sein,
zum Leben
in der Gegenwart*

Lieber Pate

Ein ,,erfundener'' Brief der Ulrike an ihren Paten. –

Wenn ich so groß wäre wie mein Vati, würde ich Dir gern das Folgende sagen. Hör bitte zu.

Klar, Geschenke habe ich gern – wie alle Kinder. Aber schenke sie mir zum Tauftag. Wer weiß denn schon seinen Tauftag? Kannst Du mir Deinen sagen? Mit dem Schenken zum Tauftag erinnerst Du mich an diesen Tag. Werde aber nicht Geschenkpate nach dem Motto ,,Alle Jahre wieder''. Werde bitte mehr!

Was ich mir von Dir wünsche? Hol mich hin und wieder ab. Vielleicht in den Zoo. Wie interessant ist der Flugplatz! Auch zum Schwimmen würde ich gern mit Dir gehen. Ich kann jetzt schon den Kraulbeinschlag.

Du hast einen prima Plattenspieler. Welche Schlager sind Deine Hits? Rede bitte mit mir immer so, als ob ich schon groß wäre – denn ich will doch groß werden. Erzähle, wie es bei Dir gelaufen ist – in der Schule, dann in der Lehre. Warum wähltest Du Deinen Beruf? Was macht Dir daran Freude?

Beobachte mich kritisch und sage mir gelegentlich, was ich für eine Type bin. Ich möchte auch gern stolz auf Dich sein. Weißt Du, auf Dich möchte ich mich verlassen. Ich habe Dich gern.

Warum hast Du damals die Patenschaft für mich übernommen? Tatest Du es aus Freundschaft zu meinen Eltern? So wird es wohl gewesen sein. Siehst Du in dem Patenamt auch eine christliche Aufgabe? Von der Kirche und vom Glauben weiß ich noch so wenig. Da gibt es so viele Meinungen. Ich möchte an Dir irgendwie merken, wie man als Christ leben kann.

In der Klasse reden wir auch über Gottesdienst, Brot für die Welt usw. Missionare müssen doch einen tollen Job haben! Aber warum dürfen katholische Priester nicht heiraten? Bitte lach mich nicht aus. Ich muß an vieles denken und verstehe es nicht.

Manche Großen sagen: beten hilft. Dann bete auch für mich, daß ich den rechten Weg finde. Es grüßt Dich Deine Ulrike

Ich möchte an dir merken, wie man als Christ leben kann

Vom Sakrament der Taufe

Der Taufgottesdienst

Er kann sehr verschieden gestaltet werden, je nachdem, ob er zu Hause, im Hauptgottesdienst, nach dem Hauptgottesdienst oder im Familien- bzw. Kindergottesdienst stattfindet. Der Taufgottesdienst verläuft nicht nach einem festen Schema. Vielleicht erkundigt sich der Pfarrer nach den Wünschen der Eltern und bespricht mit ihnen dann die einzelnen Teile des Gottesdienstes. Meistens verläuft ein Taufgottesdienst so: Glockengeläut und Orgelvorspiel hören wir beim Eintritt in die Kirche.
Der Pfarrer begrüßt uns Taufeltern und die Gemeinde. Wir singen das Lob- bzw. Tauflied, das wir zusammen mit dem Pfarrer ausgesucht haben.

Der Pfarrer beginnt den Gottesdienst „Im Namen des Vaters und des Sohnes und des Heiligen Geistes". Gott selbst ruft zur Taufe. So beginnen wir in seinem Auftrag, in seinem Namen. Im folgenden Gebet denken wir an die Monate der Schwangerschaft, an die Geburt, an alle Bewahrung. Aus dem Denken wird ein Danken. Vor allem bitten wir um einen guten und gesegneten Gottesdienst. Möchten wir Zeit unseres Lebens gern an diesen Gottesdienst zurückdenken.
In der Taufansprache hören wir auf die Auslegung eines Bibelwortes, vielleicht des Taufspruches unseres Kindes. Manche Eltern wünschen sich ein bestimmtes Bibelwort als Taufspruch. Gern erfüllt der Pfarrer diesen Wunsch.

Ich habe dich bei deinem Namen gerufen, du bist mein

Der Taufbefehl Jesu - vom Pfarrer vorgelesen — erinnert uns an ein Doppeltes: einmal an unsere Aufgabe, zum Glauben zu rufen durch unsere Worte und durch unser Leben, zum anderen daran, daß der Herr bei der Durchführung dieser unserer Aufgabe immer bei uns ist. Mit dem Sprechen des Glaubensbekenntnisses antworten wir dem Herrn. Ja, wir erkennen als Eltern unseren Auftrag an den Kindern und bekennen uns zusammen mit der Gemeinde zu unserem Glauben.

Die Tauffragen werden an uns Eltern, Paten und Großeltern, aber auch an die Gemeinde gerichtet. Gott hat uns dies Kind anvertraut. Im Vertrauen auf Gott wollen wir dieses Kind christlich erziehen, das heißt hinziehen zu Christus. Dieses Ja erinnert uns auch an unser Ja am Tag der Konfirmation.
Zur Taufhandlung steht die Familie im großen Halbkreis um das Taufkind.
Entsprechend der Sitte der Gemeinde bzw. dem Wunsch der Eltern bittet der Pfarrer um Gottes Segen für Mutter und Kind oder um den Segen für die ganze Familie.
Im darauffolgenden Gebet bitten wir für den zukünftigen Lebensweg dieses Kindes und unserer Familie. Mit dem Lob- und Danklied danken wir Gott für alles, was er uns in diesem Gottesdienst gegeben hat. Der Segen — gesprochen vom Pfarrer — ist ein Zeichen dafür, daß Gott uns gesegnet hat. Womit? Wir hörten den Zuspruch, die Botschaft der Bibel. Unser Kind wurde durch die Taufe in die Gemeinschaft der Gemeinde hineingenommen. Es ist nun auch ein Kind Gottes. Gott weiß um unser Kind. Wir baten um unseren zukünftigen Lebensweg. Ja, gesegnet verlassen wir das Gotteshaus.
Das Opfer soll kein Almosen sein. Wir fragen den Pfarrer nach der Verwendung des Opfers. Viele wünschen eine Verwendung für hungernde Kinder.

Nach dem Gottesdienst machen wir noch einige Aufnahmen vom Altarraum, dem Taufbecken, von der Familie und vor allem von unserem Taufkind.
Manche freuen sich, wenn sie die Blumen auf dem Altar selbst aussuchen, stiften oder aus dem eigenen Garten holen.

Haustaufe? Ja!
wenn z.B. das Kind krank ist, wenn ein Großelternteil aus gesundheitlichen Gründen nicht in die Kirche mitkommen kann.

Taufe im Hauptgottesdienst? Ja!

Die Gemeinde nimmt Anteil. Sie freut sich mit, vor allem bittet sie für Eltern und Taufkind.
Im Hauptgottesdienst wird es besonders deutlich: das Kind wird in die Gemeinde hineingetauft. Nun hat auch die Gemeinde ein Stück Verantwortung für die christliche Erziehung des Kindes. Die Gemeinde versucht, dieser Verantwortung durch Fürbitten, Kindergarten, Kindergottesdienst, Konfirmandenunterricht usw. gerecht zu werden.
Nach Jahren, wenn das Taufkind groß geworden ist, besucht es gern die Kirche, in der es einmal getauft wurde.

Das Glaubensbekenntnis

Das sogenannte apostolische Glaubensbekenntnis stammt nicht von den Aposteln. Im zweiten oder dritten Jahrhundert mag es entstanden sein. Wer schrieb es? Wir wissen es nicht. Im Lauf von Jahrzehnten entstand es durch Erwachsene, die sich taufen ließen. Wurden sie doch in ihrem Taufgottesdienst gefragt: woran glaubt ihr? Und dann antworteten sie:

Ich glaube an Gott, den Vater,
den Allmächtigen, den Schöpfer
des Himmels und der Erde,

und an Jesus Christus, seinen
eingeborenen Sohn, unsern Herrn,
empfangen durch den Heiligen Geist,
geboren von der Jungfrau Maria,
gelitten unter Pontius Pilatus,
gekreuzigt, gestorben und begraben,
hinabgestiegen in das Reich des Todes,
am dritten Tage auferstanden von den
Toten, aufgefahren in den Himmel;
er sitzt zur Rechten Gottes,
des allmächtigen Vaters; von dort wird
er kommen, zu richten die Lebenden
und die Toten.

Ich glaube an den Heiligen Geist,
die heilige christliche Kirche,
Gemeinschaft der Heiligen, Vergebung
der Sünden, Auferstehung der Toten
und das ewige Leben. Amen.

Was sagt uns Eltern dieses Glaubensbekenntnis?
Unser Kind hat nicht nur seinen Vater und Großvater, sondern auch Gott den Vater. Dieser Gott ist Schöpfer der Erden- und Sternenwelten und sucht gleichzeitig Kontakt zu uns einzelnen Menschen. Über allem ist er, und gleichzeitig ist er uns so nah. Es ist gut, daß wir in der Familie um Gott den Vater wissen und ihm vertrauen.
Unser Kind wird mit der Taufe ein Christ. Als Christ kann es später einmal versuchen, so zu leben, wie uns Christus wirkliches Menschsein in Liebe und Achtung vor anderen vorgelebt hat. Wo wir es nicht schaffen, wo wir versagen, leben wir von seiner Vergebung.
Unser Kind wird durch die Taufe Glied einer Gemeinde und Kirche. Möchte das Kind, wenn es groß ist, die weltweite Christenheit, die Ökumene, die Gemeinschaft aller Christen über alle Grenzen, Rassen und Konfessionen hinaus erleben, dazu Achtung und Toleranz denen gegenüber praktizieren, die anders denken und glauben als wir.

*Wir glauben,
daß Gott
Macht hat und
unserem Leben
einen Sinn gibt*

Ein neues Glaubensbekenntnis

Eines von vielen. Ein Glaubensbekenntnis soll den Glauben angesichts einer bestimmten Lage bezeugen. Ein Glaubensbekenntnis soll Antworten geben auf die jeweiligen Fragen der Menschen an Kirche und Glauben. So entstehen immer wieder neue Glaubensbekenntnisse. In unserer Zeit ist zum Beispiel das folgende Glaubensbekenntnis entstanden:

Ich glaube an Gott, den Vater,
und höre sein Wort.
Er ist der Herr,
ihm gehört der Kosmos,
er lenkt die Geschichte.
Freude an aller Schöpfung,
Ehrfurcht vor dem Leben
und Mut zum Handeln kommen von ihm.

Ich glaube an Jesus Christus
und gehöre zu ihm.
Er hat unser Leben gelebt.
Mit ihm begann eine neue Welt,
die ohne Krieg und Hunger,
ohne Krankheit und Tod sein wird.
Bei ihm endet alle Schuld.
Er wurde gekreuzigt.
Gott aber hat ihn vom Tod erweckt
und darin unsere Freiheit begründet.

Ich glaube an den Heiligen Geist
und werde von ihm geführt.
Er gibt Erkenntnis der Wahrheit
und schärft das Gewissen.
Er schafft eine Kirche für alle Menschen
bis zur Vollendung der Welt in Gerechtigkeit.

Die Tauffragen

sollen wir nicht gedankenlos mit Ja beantworten. Im Taufgespräch wurden sie besprochen. Wir Eltern werden gefragt, ob wir unser Kind taufen lassen wollen, und ob wir durch Wort und Vorbild unser Kind auf Christus hinweisen wollen.

Die Tauffragen können lauten:
nun frage ich Sie, liebe Eltern und Paten und uns, die Gemeinde, in die das Kind hineingetauft wird: wollen Sie, daß dieses Kind auf den Namen Gottes, des Vaters, des Sohnes und des Heiligen Geistes getauft wird, so antworten Sie mit Ja!
Wollen Sie nach Kräften dafür sorgen, daß dieses Kind von Gottes Liebe und von Jesu Erlösung für uns hört? Wollen Sie dieses Kind auf Gott hinweisen durch das Wort der Bibel und durch Ihr Vorbild, so antworten Sie: „Ja, mit Gottes Hilfe."

Ja, mit
Gottes Hilfe

Ein Taufgebet

Ein holländischer katholischer Pfarrer, Huub Oosterhuis, schrieb das nachstehende Taufgebet.
Herr, unser Gott, unser Vater,
du hast uns deinen Sohn Jesus Christus als den guten Hirten gegeben, der uns alle bei unserem Namen kennt. Wir danken dir für deine Gnade und deine Treue, für das neue Leben, das du geschaffen hast, für dieses Menschenkind, das in unserer Mitte geboren wurde, und das du uns anvertraut hast.
Du hast ihm Ohren gegeben, um zu hören und Augen, um zu sehen; segne auch den Mund dieses Kindes, daß es lernen darf zu lachen und die Sprache der Menschen zu sprechen; segne die Hände und Füße, und es möge leibhaftig erfahren, daß alles gut ist, was du gemacht hast.
Wir bitten dich für dieses Kind um Sicherheit und Schutz in dieser harten Welt. Halte fern von ihm alles, was böse und unmenschlich ist. Beschütze es vor schlechten Einflüssen, laß nicht zu, daß es jemals verunglückt und entstellt wird.
Vielmehr möge es geborgen sein bei seinen Eltern; und gib, daß wir, die wir erwachsen sind, diesem Kind kein Ärgernis geben, sondern es hinführen in die Wahrheit. Und wenn jemals die Sünde ihre Macht über dieses Kind wirksam werden läßt, dann sei gnädig, Herr unser Gott; du kennst ja jede Schuld und jeden Mangel im voraus, und noch bevor dieses Menschenkind sündigen kann, bist du selbst die Vergebung der Sünden durch Jesus Christus, unsern Herrn. Amen.

Im Gespräch bleiben

Dieses Buch besteht aus vielen Gesprächen. Wie wichtig sind Gespräche zwischen uns Menschen! Gespräche sind Brücken von Mensch zu Mensch.
Rede ich den anderen nur an, mache ich ihn zum Zuhörer, zum Empfänger. Vielleicht schaltet er dann ab. Es gibt Menschen, die müssen selbst so viel reden. Sie wollen sich selbst reden hören und können so schwer auf andere hören.
Andere hören viel und können nur langsam das in Worte fassen, was sie empfinden oder denken.
Gespräch ist kein einseitiges Reden oder Hören – keine Einbahnstraße vom Sender zum Empfänger, sondern ein Aufeinanderhören. Solche Gespräche dürfen dann aber nicht von vornherein ein Ergebnis haben. Wenn ich dem anderen nur meinen Standpunkt klarmachen will, dann ist das kein Gespräch.
Solche im Hinblick auf das Ergebnis offenen Gespräche brauchen wir – in der Ehe und erst recht mit den Kindern. Gibt es nicht viele Familien, in denen an die Stelle des Gesprächs zum Teil Formeln treten wie „Tag“, „Morgen“, „Post da?“, „Was gibt's mittags?“ usw.
Einer, der sich über Gespräche freut, ist sicher Ihr Pfarrer. Er muß soviel reden und hört selbst zu wenig. Er hört auch gern Ihre Meinung – z.B. über den Taufgottesdienst. Sprechen Sie ihn an und bleiben Sie auch mit ihm im Gespräch.
Im Gespräch bleiben. Tun Sie es bitte mit Menschen, denen Sie vertrauen, aber auch gerade mit Menschen, die Sie nicht verstehen.
Bleiben Sie im Gespräch mit sich selbst. Zu sich selbst kommen, das ist oft gar nicht einfach. Wir äußern uns oft, „innern“ wir auch? Hören wir auf die Stimme in uns? Sprechen wir mit uns selbst? Bitte reden Sie auch mit Gott, so wie Ihnen die Worte kommen. Sagen Sie ihm alles, was Sie bedrückt, allen Kummer, alle Sorge, aber auch alles Schöne, Frohmachende. Dabei ist Gott keine Feuerwehr! Er kommt, antwortet und handelt, wann er es will.
Versuchen Sie im Gespräch zu bleiben –
mit sich selbst
mit anderen Menschen und mit Gott.

Inhalt

Literaturnachweis
Ich glaube an Gott, den Vater . . .
aus: Wenn ihr euch versammelt
Jugenddienst-Verlag, Wuppertal 1974

Fotonachweis
Titelfoto Hilde Körnig, Dortmund
S. 33 Hans Lachmann, Düsseldorf
alle übrigen Fotos Oswald Kettenberger, Maria Laach

6. Auflage 1984
»Satz & Druck Contzen«, Lünen
Einband: Verlagsbuchbinderei W. Berenbrock, Wuppertal
ISBN 3 7811 0137 1